NOTICE

SUR

MONSIEUR L'ABBÉ BAUME,

chanoine titulaire, ancien supérieur du
collége Saint-Stanislas.

——oo⸱o⸱oo——

†

Monsieur le Supérieur du collége Saint-Stanislas croit vous être agréable en vous adressant l'article nécrologique qui a paru dans la *Semaine religieuse* sur Monsieur BAUME, chanoine titulaire, notre ancien supérieur.

La mort aussi prompte qu'inattendue de M. l'abbé Baume, chanoine titulaire de la Basilique Cathédrale, a jeté dans la consternation tous ceux qui avaient le bonheur de le connaître, et en particulier les nombreux élèves dont il avait dirigé l'éducation pendant qu'il était à la tête du collége Saint-Stanislas. Qu'il soit permis à l'un de ces derniers de consacrer quelques lignes, dans la *Semaine*, à la mémoire de ce cher et vénéré maître.

François-Joseph Baume naquit à Orsan, le 11 janvier 1805. Sa famille, où s'étaient conservées intactes les saines traditions de la foi chrétienne, se trouvait unie par les liens du sang et la communauté de sentiments à ce qu'il y avait de plus honorable dans la contrée. Aussi l'air qu'il respira dès le berceau fut particulièrement pur, et comme imprégné du parfum de ces mœurs patriarcales dont malheureusement le souvenir se perd chaque jour. Le jeune enfant n'eut donc qu'à laisser sa bonne et généreuse nature s'épanouir et se développer au contact des exemples de vertu qu'il avait sans cesse sous les yeux. De bonne heure, il prit goût aux cérémonies sacrées, et, quoique d'un caractère vif et pétulant, il paraissait transformé dès qu'il mettait le pied dans l'église, tant il y était grave et sérieux. Un œil un peu exercé eût pu déjà découvrir en lui le germe de sa future vocation.

Vers l'âge de douze ans, ses parents l'envoyèrent au Petit-Séminaire d'Avignon ; là, il eut la bonne fortune de trouver pour Supérieur le vénérable abbé de Prilly, celui qui allait bientôt devenir le saint Évêque de Châlons. L'âme simple et naïve de l'enfant subit bien vite le charme des brillantes qualités du pieux Supérieur. L'impression qu'il ressentit alors ne s'effaça jamais de sa mémoire, et quand, plus tard, revenant sur les premières années de sa jeunesse, il nous parlait de son séjour au Petit-Séminaire et du bon abbé de Prilly, c'était avec l'accent de l'enthousiasme et des larmes dans les yeux.

Ses études classiques terminées, le jeune Baume n'avait pas, ce semble, à se préoccuper de l'avenir. Sa position de fortune, son titre de fils unique, ses avantages extérieurs, et sur toutes choses, le désir bien marqué de son père, paraissaient lui indiquer la route à suivre.

Tout l'invitait à s'établir dans le monde, et le monde lui faisait les plus belles, les plus séduisantes promesses de bonheur. Mais déjà le cœur du jeune homme avait entendu une voix plus haute et plus puissante. Ce bonheur placé si près de lui qu'il n'avait, pour ainsi dire, qu'à étendre la main pour le saisir, il le refusa. Son âme pure et forte, brisant du même coup les liens de la chair et du monde, aspirait à s'élever par le sacrifice vers la région sereine du divin amour. Ni les pressantes sollicitations de sa famille, ni les prières affectueuses d'un père bien-aimé, ne purent ébranler la résolution qu'il avait prise de se consacrer au service des autels : simplement, courageusement, il entra au Grand-Séminaire de Nîmes.

Les quatre années qu'il passa dans cette maison d'études, de recueillement et de prières, développèrent, d'une façon merveilleuse, les germes que Dieu avait déposés dans son âme. Quand il en sortit, en 1828, revêtu du caractère sacerdotal, on put dire vraiment de lui : Voilà un prêtre selon le cœur de Dieu.

Saint-Gilles, qui eut les prémices de son ministère paroissial, reconnut bien vite le mérite du nouveau vicaire que la Providence lui envoyait. Quel zèle infatigable ! Quelle ardeur au travail ! Quel dévouement pour tous, et à toute heure ! Par un heureux mélange de qualités qui s'alliaient sans se nuire, le jeune prêtre se montrait en même temps simple et digne, aimable et sagement réservé, plein d'entrain et maître de soi. Dieu bénit ses efforts : la semence qu'il jeta dans ce champ fertile, fécondée par ses veilles et ses sueurs, leva avec une grande abondance, et il eut la consolation, douze années durant, d'en savourer les fruits. Ne soyons donc pas étonnés que le souvenir de M. Baume soit encore vivant dans le cœur des Saint-Gillois. Mais si Saint-Gilles, après quarante ans écoulés, n'a pas oublié son vicaire, celui-ci, de son côté, n'oublia jamais Saint-Gilles. Il fallait l'entendre raconter les divers incidents de son vicariat ; une fois sur ce sujet, il ne tarissait plus, et on pouvait s'apercevoir, en l'écoutant, qu'au plaisir de se rappeler cet heureux temps se mêlait comme une plainte et un regret.

En 1840, un ordre de son évêque appela le vicaire de Saint-Gilles à la succursale de Saint-Martin de Valgalgues. Dans ce nouveau poste, où il ne resta que peu de temps, M. Baume déploya le même zèle, donna les mêmes exemples de piété sacerdotale qui lui avaient déjà gagné tous les cœurs à Saint-Gilles. Sa douceur et sa cordialité, sa charité et son bon sens, firent bientôt de lui le confident et le conseiller de ses nouveaux paroissiens. Saint-Martin devint comme une seule famille dont il était le père aimé et respecté. Le jeune curé ne devait pas jouir longtemps du bonheur que semblaient lui promettre d'aussi consolants débuts.

Il y avait à peine un an qu'il avait quitté Saint-Gilles, quand soudain il reçut la nouvelle que Mgr Cart l'appelait à Nîmes, et lui confiait la direction de la Maîtrise, récemment fondée. Cette nomination étonna. Plus d'un esprit sérieux put croire à une erreur et craindre un échec. Personne peut-être ne paraissait moins apte que M. Baume à cette délicate fonction. Nullement préparé par ses études antérieures, et d'ailleurs sans attrait pour la direction de l'enfance, n'ayant pas le goût de l'enseignement, il était le premier à proclamer son insuffisance, et volontiers il aurait décliné la charge qui lui était imposée. Mais l'Evêque avait parlé, et le curé de Saint-Martin, faisant taire ses répugnances, courba la tête et obéit. L'avenir prouva combien le choix de Mgr Cart avait été heureux.

Pour mener à bonne fin l'œuvre entreprise et qui devait grandir au delà des prévisions de son fondateur, il fallait avant tout un homme de foi, de dévouement, d'immolation. Tel était le nouveau supérieur de la Maîtrise.

A l'époque dont nous parlons, cet établissement venait d'être installé dans une dépendance du Grand-Séminaire, et se composait d'une trentaine d'élèves et de trois professeurs ecclésiastiques. M. Baume, toujours mû par l'esprit d'obéissance, apporta à ses nouvelles fonctions le même zèle et la même ardeur qu'au ministère paroissial. Laissant à ses jeunes collaborateurs le soin d'enseigner les langues latine et grecque, il prit pour sa part ce qu'il y avait de plus important et de plus difficile : l'éducation proprement dite et l'instruction religieuse. Pour soulager les autres maîtres et leur donner en même temps l'exemple de l'abnégation et du sacrifice, il se mêla activement à la surveillance, accompagnant les élèves à la promenade, les suivant en étude, à la récréation, au dortoir, partout en un mot où il croyait sa présence nécessaire au maintien du bon ordre et de la discipline. Chose étonnante, et qui prouve combien peu quelquefois l'homme se connaît lui-même ! Celui à qui la vie de collége répugnait, et qui n'avait accepté qu'avec peine la charge de supérieur, avait fini par se plaire au milieu de cette jeunesse, insouciante et volage, étourdie souvent, mais au fond pleine de sentiments généreux. C'est qu'entre elle et lui il s'était établi comme un courant d'affection réciproque qui débordait à certains jours et le rendait vraiment heureux.

Chaque année une classe nouvelle venait s'ajouter à celles qui existaient déjà. Un jour, cependant, nous comprîmes que notre bon supérieur avait un chagrin. Mgr Cart lui avait signifié qu'à partir de la troisième, les élèves iraient terminer leurs études au Petit-Séminaire de Beaucaire. Cette pensée que l'œuvre à laquelle il avait désormais dévoué sa vie resterait inachevée le tourmenta. Mais, plein de confiance en Dieu, il attendit du temps le retrait de la décision épiscopale. D'ailleurs quelque chose de plus grave allait menacer l'existence de la Maîtrise. Le local qu'elle occupait était devenu trop étroit pour contenir le nombre toujours croissant des élèves, et, pour comble de disgrâce, le supérieur du Grand-Séminaire réclamait ce local, en prévision de la rentrée prochaine qui s'annonçait comme très brillante. Il était déjà question de supprimer la Maîtrise. M. Baume ne se découragea pas. Il avait remarqué, à côté du Séminaire, une maison vaste et qui lui paraissait admirablement appropriée pour recevoir sa famille d'adoption. Plusieurs fois en passant il avait jeté sur elle un regard de convoitise. Cette maison se trouvait alors en vente. Il le sut, et se hâta d'en demander l'acquisition.

Je ne raconterai pas les difficultés qui surgirent à l'encontre de son projet. Ayant foi dans l'avenir de son œuvre, il surmonta tous les obstacles, et n'eut ni trêve ni repos que le jour où il fut mis en possession de l'immeuble tant convoité. Tout cependant n'était pas fini. Il fallait aménager la maison pour qu'elle pût répondre à sa destination nouvelle. On ne pouvait pas compter sur l'administration diocésaine : elle avait épuisé ses ressources.

Le généreux supérieur n'hésita pas : non content de s'être dépensé lui-même, il sacrifia de grand cœur une partie de son patrimoine. Enfin, ses vœux étaient accomplis, l'avenir de sa chère maison était assuré ; il n'avait plus à redouter les incertitudes du lendemain.

A partir de ce moment, une ère de prospérité croissante commença pour la Maîtrise. Mgr Cart, qui avait hésité jusque là dans la crainte de compromettre l'existence du Petit-Séminaire, accorda successivement la classe de seconde et celle de rhétorique. Il fit plus, en 1851, quand la loi eut consacré la liberté de l'enseignement secondaire, il transforma la Maîtrise en institution libre, et lui donna le nom de Collége Saint-Stanislas. Deux ans plus tard, M. Baume eut la consolation de voir le couronnement de son œuvre par l'adjonction de la classe de philosophie. Tant de travaux méritaient bien une récompense, le successeur de Mgr Cart la lui décerna, dès son arrivée dans le diocèse, en le nommant chanoine honoraire de la Cathédrale.

Voilà comment, dans une période relativement courte, un saint prêtre, animé de l'esprit de Dieu, sans autre ressource que son zèle, presque à lui seul, créa un collége catholique florissant, d'où sont sortis, en même temps qu'une phalange sacerdotale, un grand nombre de jeunes gens, foncièrement chrétiens, qui occupent aujourd'hui dans le monde les positions les plus honorables. Certes, celui-là s'égarerait qui chercherait parmi les moyens humains la raison de ce brillant succès. Dans l'entourage de M. Baume, on avait coutume de lui dire en plaisantant qu'il était né sous une bonne étoile. C'est qu'en effet, pour qui s'arrêtait aux apparences et n'avait point pénétré la vie intime du vénérable Supérieur, les résultats qu'il avait obtenus devaient paraître inexplicables. Le secret de M. Baume, c'était la prière, l'acte de foi, l'immolation. Il n'entreprit jamais rien sans avoir auparavant déposé sa demande au pied du Crucifix. C'est là aussi qu'il venait déposer sa plainte et répandre ses larmes, quand plus d'une fois l'affliction le visita.

A la fin de l'année scolaire 1870, le Supérieur de Saint-Stanislas, sentant ses forces décliner avec l'âge, pria Mgr Plantier de placer sur des épaules plus jeunes le fardeau qu'il portait depuis près de trente ans. Il donna sa démission, et demanda, comme une sorte de retraite, l'aumônerie de la Miséricorde. Cette humble position ne convenait pas à ses mérites, et Mgr l'Evêque, qui appréciait sa haute vertu et ses longs services, le nomma chanoine titulaire, à la mort du vénérable M. Aillaud.

Le chanoine Baume fut pour ses collègues un modèle de régularité, d'exactitude et de piété. Il partagea son temps entre les devoirs de sa charge et la visite de plusieurs communautés religieuses dont il avait la direction. Ses moments de loisir, il aimait à les passer à Saint-Stanislas. Là, il venait comme un père au milieu de ses enfants. Une vie calme et si bien réglée semblait promettre à M. le chanoine une longue

— 8 —

et verte vieillesse. Dieu en avait décidé autrement. Dans la matinée du 22 août, peu de temps après avoir quitté l'autel où il avait célébré le Saint-Sacrifice, M. Baume a été presque subitement terrassé par la mort. Mais celle-ci, en frappant ce coup soudain, n'a pas surpris sa victime. Le vénérable chanoine pensait souvent à la mort et se tenait toujours prêt à recevoir sa visite.

Parmi les vertus qui lui ont mérité sans doute l'amitié de son Dieu, il en est une que sa modestie tenait soigneusement cachée aux yeux des hommes, c'est son inépuisable charité. Fidèle au conseil de l'Evangile, il distribuait avec une admirable discrétion tous ses revenus. Nous pourrions citer de lui des traits d'une délicatesse charmante. Qu'il nous suffise de dire que, dans son testament, il s'est excusé auprès de ses héritiers de ne point laisser d'argent, leur donnant pour raison que le prêtre se doit tout entier au service de l'Eglise et des pauvres. Aussi, quand il aura paru devant son juge, ses bonnes œuvres auront parlé pour lui, et nous avons la douce confiance que le Seigneur a déjà récompensé sa vertu.

†

Mardi 30 octobre un service solennel sera célébré dans la Chapelle du Collège, pour le repos de l'âme de Monsieur BAUME. Veuillez unir vos prières aux nôtres pour ce cher et vénéré maître et ami.

Nimes. — Imp. J.-B. Rousole.

www.ingramcontent.com/pod-product-compliance
Lightning Source LLC
Chambersburg PA
CBHW070436080426
42450CB00031B/2674